a idolatria poética

ou a febre de imagens

Sérgio Medeiros

a idolatria poética

ou a febre de imagens

Poesia

ILUMI//URAS

Copyright © 2017
Sérgio Medeiros

Copyright © *desta edição*
Editora Iluminuras Ltda.

Capa e projeto gráfico
Eder Cardoso / Iluminuras

Imagem da capa
foto de Edson Audi de uma estatueta de Conceição dos Bugres

Revisão
Júlio César Ramos

CIP - BRASIL. CATALOGAÇÃO NA PUBLICAÇÃO
SINDICATO NACIONAL DOS EDITORES DE LIVROS, RJ
m44i

    Medeiros, Sérgio, 1959-
    A idolatria poética ou a febre de imagens / Sérgio Medeiros. – 1. ed. – São Paulo : Iluminuras, 2017.
    64 p. ; 21 cm.

    ISBN: 978-85-7321-565-6

    1. Poesia brasileira. I. Título.

17-41021   CDD: 869.1
                   CDU: 821.134.3(81)-1

2017
EDITORA ILUMINURAS LTDA.
Rua Inácio Pereira da Rocha, 389 - 05432-011 - São Paulo - SP - Brasil
Tel./Fax: 55 11 3031-6161
iluminuras@iluminuras.com.br
www.iluminuras.com.br

SUMÁRIO

Animistas, românticos, absurdistas..., 9

1 & 2 leem passagens de suas respectivas cadernetas de descritos (das quais jamais se separam), 11

Primeiro livro rêmora: *Caules e cordas ou palmeiras e caravelas*, 23

3 & 4 leem passagens de suas respectivas cadernetas de descritos (das quais jamais se separam) , 30

5 & 6 leem passagens de suas respectivas cadernetas de descritos (das quais jamais se separam), 32

Segundo livro rêmora: *Aluguei meu apartamento para uma família síria fugitiva da guerra*, 43

7 & 8 leem passagens de suas respectivas cadernetas de descritos (das quais jamais se separam), 49

9 & 10 não leem passagens de suas respectivas cadernetas de descritos (das quais jamais se separam), 50

11 & 12 discutem passagens de suas respectivas cadernetas de descritos (das quais jamais se separam), 54

Terceiro livro rêmora: *Ninguém pode evitar ser filho do urubu e da fumaça* , 57

Epílogo, 62

Sobre o autor, 63

a idolatria poética

ou a febre de imagens

Assim [ele ou ela] *nos alertou contra a idolatria* [poética] *que é somente febre de imagens...*

Reb Sarda[1]

---

[1] Essa advertência também é atribuída a Reb Arias.[N. do A.]

ANIMISTAS, ROMÂNTICOS, ABSURDISTAS...

Doze idólatras dialogarão entre si, ao longo deste (s) livro (s), segundo o esquema abaixo:

Idólatra 1 e idólatra 2
Idólatra 3 e idólatra 4
Idólatra 5 e idólatra 6
Idólatra 7 e idólatra 8
Idólatra 9 e idólatra 10
Idólatra 11 e idólatra 12
Etc.

Outras parcerias (envolvendo ou não idólatras) poderão também ocorrer. Por exemplo:

Tupi 1 e Guarani 2
Lord Byron II e Edward Lear II
Etc.

1 & 2 LEEM PASSAGENS DE SUAS RESPECTIVAS CADERNETAS DE DESCRITOS (DAS QUAIS JAMAIS SE SEPARAM)

IDÓLATRA 1: Sob um céu levemente rosa dois barcos pequenos na baía se dirigem para o mesmo lado mas só o da frente está iluminado pelo sol da manhã

IDÓLATRA 2: Num fim de tarde o traço claro longo de um avião invisível atrás das palmeiras; sobre as palmas agitadas o ruído de outro mais baixo e mais evanescente pois se cala rápido

IDÓLATRA 1: A vasta bromélia cor de fígado agarra com a ponta curva de suas folhas mais duras a luz do sol da manhã

IDÓLATRA 2: Parece que uma tropa de pôneis passa agora pela servidão; o som sem fim de pequenos cascos trotando; mas talvez seja apenas o som do bico dos pássaros catando grãos coloridos no cocho do terraço na tarde deserta

IDÓLATRA 1: Na praia cinza umas ondas lerdas entre breves silêncios e mais perto o som contínuo dessa chuva seca que os pássaros fazem enquanto catam sôfregos os grãos coloridos nos três cochos de plástico deixados à sua disposição

IDÓLATRA 2: Com seu peito branco inchado a ave de rapina depois de agitar com estardalhaço os galhos verdes permanece pousada tranquila na árvore quase como um grande pinguim em paz rodeado pelo silêncio dos outros pássaros

IDÓLATRA 1: Um velho avião barulhento se vai entre nuvens esparsas e até soa como se fosse uma esquadrilha de aviões militares enquanto no cocho no terraço as rolinhas bélicas atacam-se entre pardais elegantes

IDÓLATRA 2: Na beira da estrada a plantinha verde que se agita com a passagem incessante dos carros indo para o centro cobriu-se com um pedaço de plástico branco trazido decerto pela brisa da manhã de maio

IDÓLATRA 1: O trânsito vai parando na manhã fria ensolarada; atrás do ônibus amarelo está escrita num quadro branco uma indagação em letras vermelhas graúdas: "Entupiu?" e oferece-se abaixo um número de telefone: "3264-3636"

IDÓLATRA 2: Os raios do sol baixo surgem entre as palmas imóveis e pulsam como uma grande teia amarela mas de repente começam a encolher retirando-se rapidamente da paisagem como uma pesada rede de pesca; os últimos raios são só lerdas pernas de aranha

IDÓLATRA 1: Os bambus escuros estão repletos de alegres pássaros invisíveis que cantam juntos cada vez mais alto no final de tarde; diante deles duas borboletas amarelas iluminadas dançam extremamente visíveis num ritmo acelerado

IDÓLATRA 2: A luz da tarde desce vagarosa mas os pássaros livres subitamente alçam voo com estardalhaço abandonando os cochos de grãos no terraço para se refugiarem nas reentrâncias escuras dos bambus do quintal defronte

IDÓLATRA 1: A sombra rígida do junípero foi se afastando à medida que o sol descia... e agora só as sombras das palmas estão na parede branca e tremem embora as palmeiras não se movam em meio à luz amarela

IDÓLATRA 2: No fim de tarde os passarinhos rechonchudos e irrequietos pousam nos galhos frágeis de um arbusto enquanto um avião esbelto parecido com uma libélula cruza o céu quase em silêncio

IDÓLATRA 1: A gaivota solitária vem deslizando veloz sem nenhum esforço no fim de tarde porém de repente ela precisa bater as asas para poder prosseguir indo

IDÓLATRA 2: Penduradas no fio diante dos bambus escuros as gotas de chuva se iluminam pouco a pouco e ouvem-se pios de pássaros ocultos entre as longas hastes imóveis; o dia claramente amanhece

IDÓLATRA 1: Na manhã úmida a baía permanece cinza e imóvel e quando um bando de pássaros negros se agita rente à água outros menores descem de galhos diminutos na praia

[O IDÓLATRA 2 pega a caneta e escreve apressadamente nas páginas finais em branco da sua Caderneta de Descritos:

EM LÍNGUA MORTA (livro potencial): falar sobre a caderneta misteriosamente desaparecida numa galeria de arte em NY; apresentar os textos das cadernetas preservadas;

A DAMA E O JARDINEIRO DOUDO: (peça para marionetes): os dois discutem o crescimento ininterrupto dos arbustos da praia que estão invadindo o jardim e depois ambos ficam enrolados nos longos galhos flexíveis... que continuam avançando como uma onda verde;

EM LÍNGUA MORTA (*livro futuro sem futuro?*): concluo que a caderneta perdida (*que continha certamente mais folhas em branco do que folhas escritas*) *agora está "dispersa" por todas as outras cadernetas que preservei*... *e que por isso falar das outras* (*e expor as outras*) *é também expor e preencher* (*atualizar*) *a caderneta perdida*

EM LÍNGUA MORTA (*livro por vir*): *como o seu conteúdo não é muito diferente do conteúdo das outras cadernetas* (*descritos sobre trânsito e carros e navegação e escunas e voos e pássaros e terraços e árvores etc.*) *pode-se concluir que a caderneta perdida* (*que continha mais folhas em branco do que folhas escritas*) *agora está "dispersa" por todas as outras cadernetas que preservei*...

O IDÓLATRA 2 guarda a caneta no bolso do paletó]

IDÓLATRA 2: Enquanto a neblina encobre os montes ao fundo um jardineiro parrudo adentra o jardim e sobe numa escada de alumínio para desbastar as palmeiras; caem as palmas verdes vagarosamente no gramado úmido

[O IDÓLATRA 1 pega a caneta e escreve apressadamente nas páginas finais em branco da sua Caderneta de Descritos:

O mundo está nos teus olhos: "Tu es venu et tu as vu. Et, maintenant, le monde est dans les yeux." *Reb Ibil no* LIVRE DE YUKEL

LUNÁTICOS: *livro de descritos lunáticos; descritos nos quais as imagens* COLIDEM *e se* COLAM *(graças ao "como")...*

O ELOGIO DO SÍMILE: *um livro de poemas que toma Wittgenstein e o uso que ele faz do símile como referência*

O irreal do real: só existe escrevendo?

Escrever um descrito é... a possibilidade de SABOREAR *um símile que é o contato entre as coisas... que ao colidirem se colam fixamente uma na outra*

No descrito a coisa vista se aproxima de uma coisa não vista (naquele momento) com a qual ela mesmo assim se funde

A FIGURAÇÃO: *algo mais ou menos visível...*

O IDÓLATRA 1 guarda a caneta no bolso do paletó]

IDÓLATRA 1: O jardineiro passeia pelo jardim com o ancinho metálico debaixo do braço direito voltado para trás como um rígido rabo vermelho de peixe; debaixo do outro braço leva bem apertado um grande cesto de vime que é como uma barbatana trêmula

[O IDÓLATRA 2 pega a caneta e escreve apressadamente nas páginas finais em branco da sua Caderneta de Descritos:

ALMA SEM CABEÇA: *a história (poema narrativo ou nô indígena SEM IMAGENS) de uma alma sem cabeça (a personagem foi decapitada em um acidente provavelmente) que não encontra mais seu CAMINHO nem com a ajuda dos mais poderosos xamãs amazonenses... causando muito transtornos em Brasília!*

Uma alma sem cabeça está restrita aos símiles tautológicos... que geram descritos vazios...

IDOLATRIA POÉTICA *ou a febre de imagens:* VER-TIGEM DA IMAGEM *(no seu mais alto grau) (no seu limite?)*

CAULES E CORDAS: *a disposição dos descritos na página* DESTE LIVRO *seguirá ("acompanhará") a disposição dos versos no célebre "Um lance de dados" (*"UN COUP DE DÉS"*)*

No MEIO *do livro* A IDOLATRIA POÉTICA *surgirá (brotará como por acaso) o livro* CAULES E CORDAS

CAULES E CORDAS: *um livro sobre as "caravelas" em Pindorama...*

PINDORAMA *é tanto o Brasil antigo dos índios (Terra das Palmeiras) como uma praia de Florianópolis (Cachoeira do Bom Jesus)*

CARAVELAS *são hoje escunas ociosas na baía defronte da minha casa...*

A IDOLATRIA POÉTICA: *dentro do livro pode-se inserir outro livro fortemente imagético como por exemplo* CAULES

E CORDAS sobre escunas e caravelas (cada vez que se usa uma palavra da língua portuguesa as caravelas (re)aparecem!)
O IDÓLATRA 2 prende a caneta na capa da Caderneta de Descritos]

IDÓLATRA 1: Você lerá algum novo descrito?

IDÓLATRA 2: Claro!

IDÓLATRA 1: Então leia.

IDÓLATRA 2: O trânsito flui para o centro sob a luz amarela da manhã fria; nada se expõe ao frio exceto o cabelo de uma motoqueira jogado para fora do capacete; e o braço de um motorista que surge nu no alto da cabine de um caminhão para ajustar o espelho retrovisor

IDÓLATRA 1: Numa das manhãs mais frias do ano [4 de junho] um grande avião passa baixo com suas asas de ponta arrebitada sobre a escuna negra parada que parece mal tocar na superfície lisa da baía; diante dela o jardineiro doudo que usa seus eternos chinelos de borracha circula serelepe pelo jardim varrendo parcas folhas soltas em volta de uma piscina impecavelmente azul

IDÓLATRA 2: Você se precipitou...

IDÓLATRA 1: Sim...

IDÓLATRA 2: Esse descrito deveria integrar o outro livro que faremos juntos...

IDÓLATRA 1: Sob o título *Caules e cordas*...

IDÓLATRA 2: Mas retomemos o diálogo...

IDÓLATRA 1: É a sua vez de ler um novo descrito...

IDÓLATRA 2: No alto o longo traço do avião incha e ondula; embaixo entre os morros nítidos da baía a névoa se acomoda sob um sol matinal muito branco

IDÓLATRA 1: Entre um grão e outro o elegante pardalzinho bebe água de uma cumbuca de plástico desprezando a água recente que a chuva empoçou ao redor dos cochos de ração

IDÓLATRA 2: 1) minha mãe veio me visitar no verão e estávamos os dois no terraço certa manhã quando ela me chamou a atenção para o gramado da casa do vizinho onde centenas de pássaros negros haviam pousado quase de uma só vez; 2) depois comentei o assunto com o meu sogro e ele disse que estavam migrando e que ficariam ali apenas alguns dias... ou algumas horas...; 3) semanas depois me sentei no terraço sozinho e vi dois ou três pássaros negros descerem entre pardais e canarinhos e rolinhas no cocho repleto de grãos coloridos; 4) é óbvio que tinham desistido de seguir viagem com o impressionante bando que eu vira pousado no vasto gramado e que agora devia estar voando longe daqui... sobre um campo com vacas e carneiros

IDÓLATRA 1: Entre gaivotas iluminadas que passam voando na praia surge um lerdo avião tão branco quanto elas; nada se ouve embaixo na areia ensolarada exceto o grito estridente dos quero-queros

IDÓLATRA 2: Depois que os pássaros se foram do terraço uma pena cinza se aproxima voando da porta de vidro e bate nela e cai e anda pelo piso como uma barata irrequieta desejosa de entrar na casa enquanto o sol desce depressa e a tarde esfria

[O IDÓLATRA 1 pega a caneta e escreve apressadamente nas páginas finais em branco da sua Caderneta de Descritos:

A arte inexata: nenhum descrito é exato (retrato de algo que se possa considerar fixo); um descrito pede outro descrito depois outro e mais outro e assim por diante de modo que cada descrito

da série infinita é uma arte inexata (retrato da matéria sempre variável... mutável... indefinida...)

O fixo é supostamente visível claro aparente...

O que não é fixo é o que passa (desequilibrado) feito um urubu que se lança esticado no ar...

Quem está no trânsito é acossado pelos sinais

Quem está no trânsito está atento aos sinais

ASPAS VIVAS: usar as aspas de maneira "chuvosa": "'por exemplo'"... ""'por exemplo'""...

Duas comédias para marionetes: "As emas do general Stroessner" e "A dama e o jardineiro doudo": OK: já as escrevi

EM LÍNGUA MORTA: após a apresentação do projeto desse livro reconhecer que não será mais necessário escrevê-lo porque de certa maneira (espiritual) a caderneta perdida foi reencontrada... entre as outras que mantenho guardadas em casa; essa caderneta perdida reencarnou em alguma outra ou em todas as outras; a transmigração da caderneta perdida

Imagem... visão... DE UM MOMENTO...

O LIVRO RÊMORA: o livro desaparecido... ou melhor a caderneta de descritos (Caderneta de Descritos) desaparecida poderia se fosse reencontrada ser transformada num livro rêmora...: um livro rêmora é como um peixe rêmora que se fixa em outro peixe para viajar; um livro dentro do livro seria uma obra RÊMORA

O IDÓLATRA 1 morde a caneta que nesse momento se transforma num biscoito crocante]

[RÊMORA, s.f. 1) ...é um peixe que tem em cima da cabeça uma ventosa com a qual se prende aos tubarões para se locomover...; fixa-se também a outros corpos flutuantes: tartarugas e embarcações; 2) é um livro dentro do livro... solto ou preso entre as suas páginas; 3) (num diálogo) é quem fala sempre em segundo lugar... ou quem é levado pela conversa do outro...]

IDÓLATRA 1: Em Londres entre muitas *masterpieces* tem um anjo adulto (obstinadamente jovem) pousado no chão com a mão escondendo um lado do rosto porque está vendo o Cristo morto...

IDÓLATRA 2: No gramado diante da casa uma colcha é estendida ao sol com vários chapéus por cima um ao lado do outro de cores variadas; não longe dali noutro canto do gramado um burrinho de louça ou madeira pasta carregando de cada lado como se fossem cestas enormes dois pequenos vasos de flores

IDÓLATRA 1: Atrás dos pinheiros verdes depois que cessou a chuva três pássaros marrons estão pousados numa árvore seca extremamente eriçada cada um num galho marrom olhando fixamente na mesma direção

Primeiro livro rêmora:
CAULES E CORDAS OU PALMEIRAS E CARAVELAS

A Invasão de Pindorama...parece que foi ontem!

TUPI 1: A velha escuna amanheceu mais pálida de um castanho desbotado; no meio da manhã porém voltou a ser negra até mais do que era antes; e o nevoeiro passou sem deixar rastro algum na baía

[*E se o Brasil tivesse sido descoberto por japoneses?*]

GUARANI 2: Talvez por causa do intenso brilho da água às duas da tarde; talvez por causa da sua própria imobilidade equívoca na baía; o fato é que a negra escuna parece ter encolhido e reduzida acabou ficando mais indefinida

[*E se o Brasil tivesse sido descoberto por chineses?*]

TUPI 3: No final de tarde cinza cheio de fogos e música a escuna velha não se afasta ou se aproxima da praia mas gira sobre si mesma grande e leve na baía e lá longe muito atrás dela uma vela branca firme vai passando diminuta então some de vista

[*E se o Brasil tivesse sido descoberto por gregos?*]

GUARANI 4: Telhas pálidas e cinza se inclinam diante da água arrepiada onde a escuna negra se tornou castanha ao sol da manhã

[*E se o Brasil tivesse sido descoberto por árabes?*]

TUPI 5: A embarcação é como uma oca comprida da minha (ou da sua) tribo; a baía é uma clareira aberta na floresta de morros verdes e azuis

[*E se o Brasil tivesse sido descoberto por viquingues?*]

GUARANI 6: A brancura da gaivota reluz e pousa num poste diante do mar; uma construção esconde a escuna escura que deve continuar no mesmo lugar assim como a gaivota permanece calma no seu poleiro habitual

[*E se o Brasil tivesse sido descoberto por espanhóis?*]

IDÓLATRA 7: A escuna escura parece que enfim parou de balançar mas ainda gira sobre si mesma enquanto diante dela passa outra suavemente lenta e maior puxando uma canoa serelepe muito fina

[*E se o Brasil tivesse sido descoberto por italianos?*]

IDÓLATRA 8: A escuna parece petrificada na tarde cinza enquanto outra que tem um mastro a mais do que ela desliza suavemente ao seu lado emitindo uma velha canção de Bob Marley cantada pelo próprio que ressoa em toda a praia deserta

[*E se o Brasil tivesse sido descoberto por holandeses?*]

TUPI 9: Lá longe bem atrás da escuna escura repousada passam em pé numa canoa dois pescadores porém não se vê na água cinza a canoa só as pequenas silhuetas negras desses homens que deslizam rapidamente sobre a superfície lisa

[*E se o Brasil tivesse sido descoberto por ingleses?*]

GUARANI 10: Sobre o telhado ensolarado desponta um diminuto para-raios como um caule limpo; emerge se aproximando por trás dele uma escuna com mastros eriçados como raízes desenterradas; e o primeiro mastro além dos pelos longos tem uma bandeira mole no topo que se move pesadamente

[*E se o Brasil tivesse sido descoberto por franceses?*]

IDÓLATRA 11: A velha escuna se imobiliza na baía tanto quanto o caule da palmeira na praia; um caule longo que a corta ao meio; porém como ambos a escuna e o caule estão refletidos numa porta de vidro (de uma casa defronte) que o vento faz oscilar e tremular a escuna e o caule se movem de cá para lá incansavelmente na tarde nublada e fresca de primavera

[*E se o Brasil tivesse sido descoberto por alemães?*]

IDÓLATRA 12: O sol então reaparece simultaneamente na espreguiçadeira branca no terraço e num ponto branco no meio da baía; depois subitamente caules folhas pássaros cordas se iluminam também

[*E se o Brasil tivesse sido descoberto por marcianos?*]

IDÓLATRA 1: Em pé num poste na praia rindo e falando muito alto na manhã cinza a gaivota olha para a velha escuna imóvel na baía com bandeiras levemente trêmulas no topo dos mastros

[*E se o Brasil tivesse sido descoberto por...?*]

GUARANI 2: Há pouco os pássaros chegaram famintos comeram e partiram com estardalhaço voltaram comeram

e partiram de novo diante da baía onde a velha escuna
negra levemente enevoada passa o dia numa lerdeza sem
cura; a tarde finda com alguma hesitação

[*E se o Brasil não tivesse sido descoberto?*]

IDÓLATRA 3: Na manhã cinzenta a escuna surge confusa
na baía como uma árvore caída os galhos nus espetando
o ar e o tronco deitado na água boiando; o sol aparece
trazendo meia dúzia de pios num arbusto débil agora
subitamente iluminado

[*E se o Brasil não existisse mais?*]

TUPI 4: Na manhã abafada um vasto urubu voa baixo entre as
palmeiras diante da escuna esfumaçada ancorada atrás
de um cordão de pássaros que se arrasta ligeiro sobre a
água fervilhante da baía sob o ruído de um avião oculto
no céu agora coberto

[*E se o Brasil tivesse sido mesmo descoberto por portugueses?*]

IDÓLATRA 5: No fundo da servidão sobressai um mastro
ocioso na baía branca que dois longuíssimos muros pa-
ralelos recortam; o mastro eriçado parece as marcações

de um termômetro em pé ou pendurado no céu claro de inverno

[*E se o Brasil fosse enfim dividido?*]

GUARANI 6: A escuna negra e vazia está pousada com leveza na longa faixa rosa que o sol deixou na baía lisa ou que parece assim; as ondas continuam soando espalhafatosas na praia

[*E se o Brasil ainda fosse indígena?*]

IDÓLATRA 7: Depois do almoço na baía fria a escuna opaca parece emagrecer; então passa sobre ela um helicóptero redondo e brilhante como um besouro turbulento[1]

[*E se o Brasil adotasse o regime idólatra cujo slogan é: "DEVOLVAM-NOS NOSSAS IMAGENS POIS DELAS NÃO ABRO MÃO"?*]

TUPI 8: O sol da tarde escorre para fora da escuna envernizada que permanece ociosa na baía enquanto outra escuna que emite música popular (sertaneja nesta época do ano) passa diante dela completamente opaca mas cheia de gente alegre e ruidosa

---

[1] OU: O sol da manhã ilumina a escuna sobretudo por dentro; por fora ela continua escura flutuando sobre alguns reflexos longos como raízes douradas

[*E se o Brasil... o Brasil... embarcasse na escuna?*]

IDÓLATRA 9: Os pássaros livres talvez saciados se balançam agora em fios estendidos sobre os cochos vazios; em frente deles numa faixa clara que corta a baía uma larga escuna voltada para o sol da manhã quase não é capaz de mover-se; mal respira na água oscilante...[2]

---

[2] OU: Diante da escuna temporariamente desligada na baía os pássaros que comem no cocho de manhã cedo se espantam de repente e voam todos juntos como uma única grande vela aberta que ruidosa logo se rasgasse no ar

3 & 4 LEEM PASSAGENS DE SUAS RESPECTIVAS CADERNETAS DE DESCRITOS (DAS QUAIS JAMAIS SE SEPARAM)

IDÓLATRA 3: Dois sapatos de salto baixo na mureta lado a lado ambos molhados – como cabeças brilhantes de tartaruga

IDÓLATRA 4: O caminhão cruza a avenida entre carros quase parados e freia no meio deles suas duas antenas inclinam-se parecem varas de pescar e estremecem como se o fluxo denso as puxasse para a frente

IDÓLATRA 3: O inseto pernalta se gruda na parede entre obras de arte de tamanho reduzido escultura magra e chamativa menos que ínfima

[A IDÓLATRA 4 paga a caneta e escreve apressadamente nas páginas finais em branco da sua Caderneta de Descrito :
A grande escavadeira amarela com enorme braço escuro penso amanhece mal equilibrada num monte de lama negra; ao seu redor dezenas de garças brancas aguardam em pé como se apenas vigiassem a máquina tranquila e imóvel

A IDÓLATRA 4 (na verdade uma mulher jovem pois as poetas brasileiras são todas jovens ultimamente) prende a caneta na capa da Caderneta de Descritos]

IDÓLATRA 4: Vidros transparentes presos em pé numa carroceria veloz com uma lona meio solta por cima que tremula e se lança para trás com o som de chicotadas e depois sobe e vai de novo para trás como a crina longa de um cavalo galopando[1]

---

[1] OU: As paredes externas da carroceria da camionete exibem vastos rostos de meninos e meninas sorridentes; a porta entreaberta atrás expõe no fundo da carroceria um homem também sorridente sentado desconfortavelmente entre pranchas de madeira que parecem prestes a sair voando todas juntas

5 & 6 LEEM PASSAGENS DE SUAS RESPECTIVAS CADERNETAS DE DESCRITOS (DAS QUAIS JAMAIS SE SEPARAM)

IDÓLATRA 5: O jardineiro carrega caixas de bebida no carrinho de mão cruzando a grama que ele mesmo acabou de aparar com estridência; quando minutos atrás ele desligava o aparador de grama ouviu-se no jardim como que o espocar de um foguete; um pequeno caracol gruda-se no portão de alumínio da praia; na areia um cachorrinho urina sob o olhar de sua dona que é uma menina que depois lança areia com o pé para encobrir a umidade que é quase como uma sombra projetada no chão pelo cartaz que diz "Proibido passear na praia com o seu cachorro"; e a chuva vai indo embora do continente brasileiro como se as nuvens fossem um penteado branco que o vento desmanchasse e depois jogasse para trás por cima dos morros cujo semblante se torna azulado e depois verde; como uma pinça ou o osso bifurcado do peito de um frango a pipa branca saracoteia no ar sempre empinada e bem aberta na parte de trás; enquanto os abacaxis maduros vão sendo zelosamente empilhados na beira da estrada abre-se ao lado deles um extenso pelego verde por cima do qual se expõem narizes decepados e amarelos alguns até mesmo murchos de algum bicho alentado; podem ser frutas da estação é claro; quando quatro formigas negras caminham em fila sobre uma madeira com súbitas paradinhas a madeira parece estremecer toda como gelatina ao vento das 12 horas; um menino pelado segura na sombra entre os dedos um inseto vivo que bate as asas querendo voar; quando o solta rindo o bicho busca imediatamente a luz; acima de uns poucos turistas ensolarados um pirata vestido de negro sobe no ar com uma capa esvoaçante como uma asa sinistra de mariposa se debatendo entre os velhos mastros de um barco repleto de música sertaneja; a parede alta foi repintada de manhã cedo e os dois pintores com seus baldes de tinta descem presos a cordas que oscilam levemente enquanto o sol sobe; os bambus quando se inclinam juntos sobre o telhado da casa fazem um ruído seco como o de um corpanzil que se sentasse muito delicadamente numa vasta cadeira de vime e buscasse a melhor posição; do fundo bueiro sem tampa num cruzamento movimentado sobem duas vassouras louras de cerdas longas como dois espantalhos descabelados na chuva; os insetos esvoaçam juntos ao sol como uma rede de pescar que pairasse aberta sobre o jardim e ao fundo um urubu livre desliza com suprema leveza; enquanto o professor bate palmas e fala com uma criança pequena que chora um velhinho magro passa diante da sala de aula empurrando um carro de mão repleto de objetos de plástico e papelão leves e monumentais; algo incomoda o gordo lagarto verde-escuro que se coça com a pata traseira como um cachorro depois ainda esfrega irritado nas pedras quentes a pata da frente então se larga no chão numa postura descansada que dura pouco pois se ergue feito uma foca como se quisesse berrar; o pássaro cinzento se agarra à tela de proteção de um gramado vazio seu longo rabo sobe e desce como se martelasse os fios de repente ele atravessa para o outro lado e abre as asas; os galhos podados se esticam para trás numa carroceria veloz como pernas longas (frouxamente amarrados) querendo saltar para fora; nos galhos das árvores acumulam-se pedregulhos amarelos pequenos e no chão grandes pedras castanhas são uma onda suja e estática; imóvel na praia ao lado da toca escura o siri claro olha fixamente para uma servidão cheia de areia branca dando as costas para o mar calmo; a árvore remexe os seus fartos cachos amarelos que parecem querer saltar para fora das folhas verdes enquanto os besouros fazem ali um contínuo zumbido; a nuvem extensa se fixa entre os morros feito um tapume claro e depois desliza como um serrote com a parte serrilhada da lâmina para cima vagarosamente; a paisagem se diversifica na manhã molhada repleta de latidos que se respondem com energia crescente; o velho de bermuda branca se inclina e deposita no acostamento da rodovia um grande saco de plástico; no outro lado do asfalto um homem jovem de camiseta listrada caminha depressa levando na mão um pequeno embrulho; vários pedestres cruzam correndo a estrada movimentada enquanto outros sentados na mureta que divide as pistas balançando as pernas aguardam uma brecha no trânsito para poderem passar para o outro lado; atrás do prédio em construção onde um peão espera em pé no topo desmantelado surge o bico de avião que se estica enorme buscando a pista de pouso logo à frente; a concha sobre o monte de conchas arrumadas umas sobre as outras num tubo de vidro tem a marca de dentes; é com certeza de um doce muito doce que foi depressa enjeitado; o avião se aproxima de uma parede de vidro para desembarcar os passageiros e antes de parar vê-se apoiada no para-brisa a palma de uma mão branca descansada e imóvel que se torna cada vez mais nítida; entre prédios iluminados alguns feericamente despontam vagamente duas torres altas e escuras ao lado de um avião que vai descendo; o barco escuro com vela negra entra devagar na baía enrugada e acima dele o avião claro com cauda vermelha ou alaranjada segue em sentido contrário roçando-se em nuvens enoveladas; a caixa de água alta se cobre de folhas verdes como se vestisse uma touca de banho eriçada na manhã quente e esfumaçada; uma manta de gordura se retira do céu que se mostra finalmente azul onde um avião surge subindo quase sem ruído; a nuvem baixa passa lentamente ao lado do morro azul como uma ave pernalta que embora sem pescoço vai se elevando sem abrir muito as asas mas lançando para trás as longas pernas finas; a palma seca é uma enorme espinha de peixe que se balança como uma pipa presa ao tronco da palmeira que às vezes estremece com violência súbita; duas luzes compridas no continente brasileiro são vistas na ilha através de um arbusto negro e redondo e são como dois caninos acesos rodeados dos fios de um bigode que se remexe; a voz humana em meio a buzinas que soam como miados de um gato é lançada no ar por um aviãozinho que faz voos de publicidade sobre o trânsito congestionado; diante dos carros parados no sinal passam cinco ou seis ônibus azuis iguais e entre os dois últimos segue sem temor um pequeno carro esporte vermelho berrante; o carro velho tem em cada porta uma bandeirinha nova de plástico tremulando e atrás uma comprida franja verde-amarela também de plástico grudada inerte na lataria; o vidro da janela do quarto estremece depois que a sombra de um pássaro escorre por ela subindo e atingindo a copa verde de um arbusto; sentados numa mesa comprida os estudantes assistem ao voo das aves negras no pátio deserto que sobem e descem ora num lado ora no outro do janelão como um espanador espanando o prédio da escola;

umas folhas verdes como mãos em concha na sombra e uma só folha amarela isolada e pensa para o leste tomando sol antes de cair do arbusto; o caminhão é sólido lerdo e sobe uma colina com a carroceria coberta por uma lona que é como um barro mole; três meninos magros param à beira do asfalto perto de uma longa tira branca de papel ou de plástico que enfurecida saracoteia no meio-fio; na sombra de um carro preto estacionado num pátio empoeirado um pardal de repente estufado desliza tocando o chão com o peito como um pato feliz que nadasse num lago negro; diante de uma porta de vidro uma caixa de papelão aberta de onde um passarinho salta para o canteiro mais próximo cheio de folhagens; as palmas se curvam para baixo moles como casca de banana em tiras e no alto da palmeira tremula uma lança verde-clara perfurando a luz da manhã que depois escorre por ela renovada; um pinguim morto na praia e no poste de luz mais próximo três urubus indolentes enquanto um quarto voa diante deles com asas afiadas que passam com elegância na luz da tarde; as palmeiras do jardim lançam suas longas setas verdes contra o urubu esticado acima delas que o vento já vai levando embora para longe dali sem que ele precise bater as asas; um pequeno trator puxa um amontoado de folhas de zinco amassadas todas com uma extremidade voltada para cima como asas rígidas em voo rasante; no crepúsculo junto com o barulho vacilante do barco na água enevoada um pássaro grita bem forte; um saco negro vai voando na direção de um carro veloz como uma mão enrugada que sobe e desce leve e que depois cai no carro que vem atrás lançando-se hesitante de cá para lá no seu para-brisa; finalmente a mão velha ou luva negra pousa à beira do asfalto; sem os olhos e inerte um gato esticado no asfalto é como uma bolsa fechada caída de um carro (elegante) que acabou de passar; como se o morro escuro fosse uma pata que pisoteasse a cidade a cidade se espalha como pedaços de balas coloridas até o mar; enquanto o trator vai reconfigurando o chão esbu- racado os pássaros desvairados que antes caminhavam atrás dele agora gritam pousados no teto ondeado de um caramanchão; estacionada numa ruazinha de terra bem arborizada a máquina amarela lança sua sombra na es- trada movimentada ao lado como se fosse um inseto gigantesco prestes a dar o bote; depois de um forte as- sobio uma misteriosa camiseta começa a girar no ar como uma hélice atrás do muro de pedra baixo na manhã fria; a camionete macia puxa na praia uma canoa com rodas que ondula na areia seca; dois pequenos aviões idênticos seguem de perto um ao outro no céu o que vem na frente de repente fica diferente mas quando os dois se separam são de novo iguais; rodeando o ra- quítico mamão verde as folhas secas que pendem de hastes longas são como caveiras velhas de animais imóveis na tarde; na manhã enevoada a antena sobre o prédio alto é um funil ora liso ora torto e amassado; diante de um bisão deitado alerta no chão um passarinho caminha numa pequena plataforma de concreto; mãos se estendem para fora do carro oferecendo ração aos animais que de olhos enormes não se aproximam muito como se já não sentissem fome; a aranha tem patas que terminam moles como tentáculos de polvo mas está perfeitamente em pé atrás da parede de vidro; na penumbra sob o viaduto um homem barbudo sem camisa enfia os braços nas mangas longas de um suéter em câmera lenta; numa curva da ladeira as rodas do caminhão que sobe por ela rangendo lançam para trás longas molas de poeira que se abrem alcançando outros veículos; a lua de repente escura não recolhe mais a sua luminosidade que vazou espalhando-se pelo chão; andando de bicicleta na garoa um homem de azul-escuro leva preso ao guidão um saco de plástico azul-escuro que pinga sem parar; na carroceria elevada do caminhão que se balança na estrada reta se estende no banco livre ao lado do motorista uma vasta bandeira do Brasil cujo verde reluz iluminado pelo sol

IDÓLATRA 6: Folhas verdes como mãos em concha na sombra e uma só folha amarela isolada e pensa para o leste tomando sol antes de se soltar do arbusto

[O IDÓLATRA 6 pega a caneta e escreve apressadamente nas páginas finais em branco da sua Caderneta de Descritos:

XAMÃ CAGE: *um circus / uma orquestra de percussão / uma obra indeterminada / reunião de vozes / de experiências / O RITUAL CAGIANO / com certo atraso comemorando o centenário de nascimento de John Cage*

O JARRO / A JARRA: *uma CADERNETA DE DES-CRITOS conserva os descritos / e / (depois) / verte -- / pouco / muito... no LIVRO*

(Abre um livro de bolso sobre a caderneta de descritos; copia algo dele na caderneta)

As Cadernetas de Descritos guardadas em caixas no escritório no alto de uma estante são como certos Tigres Azuis de Borges que são pedras que se multiplicam (não se pode esgotar o conteúdo de TODAS as cadernetas...): "El obsceno milagre se repetia" *sempre... Mas "as pedras que engendram" também podem diminuir drasticamente: ora elas são muitas ora elas são poucas pois habitam outro ESPAÇO: um espaço misterioso* "que absorbía las piedras y devolvia con el tiempo una que outra, obedecendo a leyes inescrutables o a un arbitrio inhumano"...

Se uma Caderneta de Descritos vier a se perder (e isso aconteceu numa galeria em NY anos atrás) reaparecerá mais cedo ou mais tarde como Caderno Rêmora em alguma outra Caderneta de Descritos: é só esperar... para ver o milagre
DESLUGAR: *um livro sobre personagens que não sabem onde estão pisando...* UM NÔ LUNAR: *passado na lua, da qual acabará caindo uma máscara*
O IDÓLATRA 6 joga satisfeito a caneta no cesto de lixo pois ela secou (junto com suas ideias ele admite)]

IDÓLATRA 6: Com uma pena da asa entortada para cima destoando do resto que é liso e elegante a gaivota faminta voa sem parar procurando pedaços de pão lançados na areia da praia

IDÓLATRA 5: As gaivotas que estão na areia catando farelos são fotografadas por um casal oriental descalço sem pressa de avançar sob o céu ameaçador de onde caem gotas

Segundo livro rêmora:
ALUGUEI MEU APARTAMENTO PARA UMA FAMÍLIA SÍRIA FUGITIVA DA GUERRA

Em frente ao meu prédio[1] tem uma casa de repouso cheia de idólatras...

IDÓLATRA 12 (*pensando que é Lord Byron II e que está hospedado em Amsterdã num hotel chamado Hotel do Poeta que foi um dia a casa onde Lord Byron I morou*): Eu Lord Byron II sentado na cama perto da janela olho a rua e vejo folhas verdes pequenas folhas marrons folhas amarelas caídas sobre os carros estacionados

IDÓLATRA 11 (*pensando que é a INSPIRAÇÃO de Lord Byron*): Depois ele vê uma ambulância amarela com faixas vermelhas e azuis vagarosa silenciosa preguiçosa

IDÓLATRA 12: Na longa fila sob o vento frio que traz gotas esparsas de chuva eu Lord Byron II espero com os pés doloridos a minha vez de visitar a casa de Anne Frank; uma pomba passeia ao meu lado e bica uma bituca de

---

[1] Morei durante anos no centro de Florianópolis, mas fui transferido para Corumbá, no Mato Grosso do Sul, onde atualmente resido. Sou funcionário da Caixa Econômica Federal e já consegui comprar vários imóveis no litoral catarinense. (N. do A.)

cigarro que eu não joguei na calçada pois não fumo em Amsterdã.

IDÓLATRA 11: Na praça uma longa morte negra gira apoiada numa foice claramente de fantasia diante de Lord Byron II; três mulheres árabes com a cabeça coberta se aproximam de Lord Byron II e uma delas joga uma moeda no prato do artista da morte

IDÓLATRA 12: De manhã cedo depois que os corvos crocitaram na rua diante da minha janela eu Lord Byron II fiquei sentado na beira da cama e comi um pêssego então vi um velho calvo passar veloz de bicicleta com um casaco marrom; a primeira mulher que vi na rua caminhava pela calçada usando casaco branco cintilante; ela fumava e de repente parou para espremer o cigarro no muro da esquina

IDÓLATRA 11: O sino toca próximo enquanto Lord Byron II de costas para a TV ligada ouve notícias catastróficas sobre o Iraque sobre crianças e mulheres sequestradas por militantes islâmicos; as cenas se sucedem e ele ainda ali sentado de costas para a TV imagina homens agachados em grandes covas fazendo sinais com as mãos e depois sendo metralhados pelas costas por guerrilheiros de branco

IDÓLATRA 12: Chove e eu o poeta Byron II pareço dirigir-me a uma loja cuja vitrine está repleta de cactos de todos os tamanhos; num banco na calçada defronte da loja de cactos um manequim pela metade que só tem ancas e pernas está deitado vestindo calças *jeans* encharcadas; eu Lord Byron II pareço hesitar diante da loja de cactos e penso talvez estar no México e vou embora talvez não pensando mais na América Latina mas na Índia

IDÓLATRA 11: Lord Byron II almoça num restaurante indiano onde bebe *masala tea* em homenagem a Edward Lear

IDÓLATRA 12: Chove noite e dia e eu Lord Byron II entro numa alta escultura de ferro cujo topo é um triângulo aberto cheio de nuvens de onde caem grossas gotas frias

IDÓLATRA 11: Lord Byron II percebe que às vezes o sino da igreja não toca então ele ouve virem dos trens que chegam e partem duas sonoras badaladas; fora isso os trens são silenciosos

IDÓLATRA 12: Um caminhão puxa ladeira acima um trem que pifou e dentro deste está sentado o sereno condutor ocioso

IDÓLATRA 11: O nosso voo para Londres está atrasado não embarcamos ainda esperamos sentados como se já estivéssemos no avião voando; do lado de fora das vidraças os corvos molhados também esperam; um deles belisca algo que segura firmemente com uma das patas

EDWARD LEAR II (ligando a TV num *Islamic Channel* para Lord Byron II ver o noticiário): Mulheres vestidas de preto meu Lord estão na roda-gigante ou veladas percorrem os corredores de um pequeno mercado estendendo as mãos visíveis ou enluvadas para as prateleiras abastecidas; movem-se vagarosas magras altas ou rechonchudas baixas com óculos escuros; uma menina magra escorre deitada de costas pela grande rampa lisa os joelhos dobrados para cima fora da saia; bebês dão passinhos na longa inclinação usando roupa de bailarina; sentada numa cadeira de rodas a mocinha sorridente é levada para o parque ensolarado por uma mulher baixa com o rosto velado; o corvo caminha mancando pela calçada e depois voa para longe e pousa na janela de um hotel onde grita como se fosse uma máquina moendo alguma coisa até transformá-la em pó; o motorista de táxi espirra várias vezes e o som sai amplificado entre as cabeças dos passageiros; depois ele liga o rádio e uma música árabe alegre enche o ambiente; numa esquina três mulheres de preto com o rosto coberto esperam

o sinal abrir; ao atravessarem a rua diante do Marble
Arch elas cruzam com outras três mulheres também
de preto com o rosto velado; os dois trios de mulheres
de preto se ignoram completamente por trás dos óculos
escuros; (com outra voz) *the English jihadist who beheaded
the American journalist is believed to be the leader of a group of
British fighters holding foreign hostages in Syria; Oxford Street
listed as dangerous no-go zone in tourist guide to London*

LORD BAYRON II: Diante da entrada do metrô à noite
onde há um *show* musical uma moça dança rindo quase
enlouquecida enquanto do outro lado da rua como se
deslizassem na calçada duas mulheres veladas avançam
conversando

INSPIRAÇÃO: Ao lado da porta da frente de um pequeno
hotel (Hotel Edward Lear) uma senhora com lenço
na cabeça abre sacos de lixo e encontra vários pares de
sapatos femininos; examina seriamente o solado e o
salto de cada sapato enquanto pessoas indiferentes ao
seu achado passam rapidamente pela calçada

EDWARD LEAR II: Quando o meu hóspede Lord Byron II
fecha a janela ao escurecer ele vê uma mulher solitária
de preto com uma manta branca nas costas passeando
na calçada próxima; na calçada diante do meu hotel

passa vagarosa outra mulher de preto sem a manta mas com o rosto velado; um ciclista cruza a rua usando um capacete azul e branco; uma procissão de mulheres vestidas de preto vem do parque e cruza lentamente a rua diante de ônibus vermelhos parados no sinal; a chuva as surpreende e as mulheres veladas talvez não tenham molhado o rosto; um guarda de preto cruza os braços e sorri bonachão diante de uma loja de suvenires; outro guarda de preto parado na esquina com as mãos na cintura conversa com um pedestre também de preto que segura um copo branco com as duas mãos; uma esguia e elegante mulher negra numa calça justa branca dirige-se com seu salto altíssimo para a fábrica de chocolate na esquina; duas mulheres de preto abrem seus guarda-chuvas transparentes e saem para a rua onde o sinal vermelho as detém na chuva interminável; uma freira usando um hábito marrom e botas velhas caminha sob as árvores com um guarda-chuva preto

7 & 8 LEEM PASSAGENS DE SUAS RESPECTIVAS CADERNETAS DE DESCRITOS (DAS QUAIS JAMAIS SE SEPARAM)

IDÓLATRA 7: Um jovem obeso entra resolutamente na feira movimentada com o capacete negro apoiado na nuca e a camiseta azul-celeste exibindo parte do barrigão branco onde o umbigo parece prestes a saltar como uma rolha por entre frutas e verduras

IDÓLATRA 8: No fio úmido uma pombinha se coça com tranquilidade rodeada por outras e de repente uma penugem branca sai voando do seu peito eriçado e cruza o muro sem pressa alguma e cai no pedregulho reluzente do quintal

IDÓLATRA 7: Etc.

IDÓLATRA 8: Etc.

9 & 10 NÃO LEEM PASSAGENS DE SUAS RESPECTIVAS CADERNETAS DE DESCRITOS (DAS QUAIS JAMAIS SE SEPARAM)

[O IDÓLATRA 9 pega a caneta e escreve apressadamente nas páginas finais em branco da sua Caderneta de Descritos:

A pessoa dirige-se a um quarto completamente alagado e ali ouve vozes sobrenaturais que cantam

Arregala os olhos para ouvir melhor e pensa: EU TAMBÉM QUERO VER!

Quando a língua abre os olhos; quando a língua abre um olho...

A MORTE DE VIRGÍLIO fala disso... fala de quando a língua abre os olhos...

Olhos da língua

Livro sobre o cerne oculto (escuro) do sol...

"We're woefully unprepared for when our terrorists come home"...

Será a meta da poesia anular-se a si mesma toda vez que a língua abre (realmente) os olhos ou os seus terroristas voltam (efetivamente) para casa?

Os mortos são deixados em paz com a cabeça para o Norte e as pernas para o Sul segundo a imagem do Buda entrando no nirvana

A BORBOLETA E O SINO: uma antologia de haikus de Yosa Buson que eu mesmo fiz na qual ele afirma que gostaria

de escrever em cima da folha verde de uma bananeira que a lua
vai minguando até não sobrar nada além de um ar frio
Um quintal com água... um quintal no fundo do mar... um
periquito na gaiola se transforma numa sereia (Matisse pode
ter inspirado isso)
BOMBAS: o motorista do carro reluzente lança na estrada
um saco de plástico que imediatamente cruza enlouquecido o
asfalto; mais adiante outro saco de plástico circunda um ônibus
e depois para indeciso e frouxo no chão
O IDÓLATRA 9 guarda a caneta na sua mochila]

[O IDÓLATRA 10 pega a caneta e escreve apressada-
mente nas páginas finais em branco da sua Caderneta
de Descritos:
SÍMILE: graças a ele tudo se desloca um pouco para os lados
para a frente para trás para cima para baixo
Tudo está fadado a alterar-se e a passar!
Acúmulo de símiles
Símiles duplos como em Lezama Lima que disse que o tempo
como uma substância líquida vai cobrindo como uma máscara
um rosto...
Juntar... amontoar...
Texto multiforme e/ou fora de si... fora-de-si...
Completamente exposto como um "totem pole" *inclinado para*
a frente ou para o lado ou para trás em frente de uma casa
TOTEM EM BRANCO; *poste totêmico* "albino"?

Uma coluna de cadernetas de descritos; uma pilha: todas fechadas

É isso o totem em branco?

TOTEM EM BRANCO: *monumento à caderneta perdida; protesto; homenagem*

EM LÍNGUA MORTA *é o que comentaria talvez um inocente motorista de táxi de Nova York que encontrasse por acaso no banco de trás do seu veículo uma caderneta de descritos qualquer em língua portuguesa; foi essa expressão "em língua morta" que usou Haroldo de Campos quando se referiu ao conteúdo do caderno de poemas que havia esquecido num hotel em Nova York; devolveram-lhe depois o caderno!*

Meu poema visual totêmico: a pilha de cadernetas de descritos em homenagem a essa mítica caderneta que talvez tenha sido deixada por descuido numa galeria de arte durante um passeio por Chelsea

Caderneta perdida: a que ainda está rodando por aí e não me devolveram

Caderneta perdida: eternamente escorrendo como um líquido vital por dentro do totem de cadernetas que pus em pé; enterrada nas cadernetas vivificando-as

O totem perdido

O rio perdido

Os descritos perdidos

Um totem manco como uma canoa manca? A canoa passa mancando diante da praia sem desacelerar na fresca manhã ensolarada

(Tira um livro de capa mole da mochila e transcreve uma frase dele)

Totem completo? Mesmo com uma das cadernetas perdida? Completa-se o totem como?

GALACTIC POT-HEALER: *"A healed ceramic piece is in the exact condition as before it broke. Everything fuses; everything flows. Of course, I have to have all the pieces; I can't do it with a fraction of the pot not present"*

Cadernetas abertas ao redor da caderneta perdida em Nova York

O IDÓLATRA 10 guarda a caneta na sua mochila]

11 & 12 DISCUTEM PASSAGENS DE SUAS RESPECTIVAS CADERNETAS DE DESCRITOS (DAS QUAIS JAMAIS SE SEPARAM)

IDÓLATRA 11: A árvore consanguínea: Bashô e seu símbolo natural (bananeira=bashô); D'Annunzio elege a romã; o poeta promete reencarnar na fruta que será oferecida depois a seus discípulos entre eles Joyce; o herói amazônico Jurupari é o filho de outra fruta talvez mais sumarenta

IDÓLATRA 12: O *huaca* Cani Raya graças à sua inteligência transformou-se num pássaro e subiu numa árvore e colocou o seu sêmen numa fruta que havia amadurecido lá e derrubou-a perto da mulher que estava embaixo e a mulher (uma peruana divina) a engoliu prazerosamente e assim ela ficou grávida sem que tivesse sido tocada por homem.

IDÓLATRA 11: O zoológico de Montezuma (século XVI): animais doados por populações dominadas animais sagrados e exóticos; o sagrado se revelava exótico e o exótico sagrado ou o sagrado era o exótico

IDÓLATRA 12: Todo o secreto tesouro das similitudes... como diria Paul Valéry...

IDÓLATRA 11: O nosso mundo (não o de Wittgenstein) é a totalidade dos símbolos naturais dos símiles das metamorfoses (que escrevemos); não das coisas

IDÓLATRA 12: Poesia inexata sempre: o "como" do símile não esgota a matéria e a matéria vai se metamorfoseando infinitamente e somos solicitados eu e você a continuar preenchendo de símiles as nossas cadernetas de descritos

IDÓLATRA 11: E o milagre da tautologia?...

IDÓLATRA 12: Um animista é uma sentinela avançada...

IDÓLATRA 11: Um de nós dois ou ambos dentro de uma torre que é...

IDÓLATRA 12: O poeta dentro de um *totem pole* como dentro de um foguete

IDÓLATRA 11: O foguete é a pilha de todas as cadernetas de descritos mas talvez falte uma

IDÓLATRA 12: Um totem manco ou inclinado ou um pouco
mais baixo do que a tradição das sentinelas avançadas
recomenda

IDÓLATRA 11: Um pouco mais de música: sob a rara brisa
da manhã o grande tufo de bambus finalmente se mexe
todo como se estivesse lançando folhas escuras no chão
uns quero-queros estridentes saem voando de trás dele e
descem no gramado em frente

Terceiro livro rêmora:
NINGUÉM PODE EVITAR SER FILHO
DO URUBU E DA FUMAÇA

IDÓLATRA 12: Na areia branca ao meio-dia dois urubus iguais se mantêm lado a lado e um deles de repente bica o bico do outro como se lhe desse um beijo e ambos se encaram pacíficos enquanto a maré vai subindo aos solavancos

IDÓLATRA 11: A fumaça negra que o trepidante caminhão lança na pista afugenta os carros que passam logo para a pista ao lado; a caminhão prossegue impávido e imponente envolvido na própria fumaça que brota continuamente

IDÓLATRA 10: A velha escuna ronca feio lançando para trás dois rolos de fumaça negra que formam sobre a água como que um gigantesco focinho de porco

IDÓLATRA 9: Esfomeado o urubu apoia uma das patas no peixe morto e começa a bicá-lo com brusquidão rodeado de gaivotas atônitas ou irritadas; uma delas começa a protestar aos gritos contra essa atitude dele

IDÓLATRA 8: Trazido por um voo lerdo o urubu pousa na luminária pública da praia mas não recolhe as asas longas; eriça-se todo; deforma-se; e imobiliza-se numa pose deselegante diante do mar da manhã

IDÓLATRA 7: O caminhão branco com uma carroceria quadrada branca como um cubo de gelo passa por uma poça lançando água para todos os lados enquanto vai soltando rolos de fumaça negra

IDÓLATRA 6: A areia da praia está povoada de garrafas de plástico velhas e de tampinhas coloridas além de dois ou três pinguins mortos que alguns urubus devoram devagar sem demonstrar ganância; entre pinguins mortos um menino passa correndo com o seu cachorro à frente enquanto os urubus esvoaçam ao redor deles; uma agitação momentânea

IDÓLATRA 5: A enseada recebeu no sábado à tarde um barco negro que chegou para ficar imóvel emitindo de vez em quando fumaça espessa como uma casa num campo sem árvores em volta; nenhuma árvore se vê em toda a extensão da paisagem

IDÓLATRA 4: Um homem arrasta pela rua longos fios de aço e deixa-os unidos no chão curvos como uma ferradura gigante ao lado de uma caçamba abarrotada de entulho

IDÓLATRA 3: A luz da tarde é a poeira dos montes que parecem um grande rabo parado mas que avança devagar ou rápido é muito difícil de saber

IDÓLATRA 2: Numa das tardes do Sul a lua é um pequeno iglu se derretendo enquanto o sol inteiro se põe rapidamente

IDÓLATRA 1: De entre os morros baixos sobe uma fumaça que vai ganhando o horizonte como o pescoço desengonçado com bico curvo de uma ave saindo do ninho

LORD BYRON II: Quando o helicóptero dos bombeiros surge baixo na praia com as pernas nuas dos salva-vidas pendendo para fora da porta aberta estas se balançam e parecem dar um impulso extra ao aparelho que sobe um pouco mais

INSPIRAÇÃO: Os urubus se aproximam deslizando no ar em diferentes alturas e os que precisam bater as asas para continuar indo e vindo sobre a areia o fazem apressadamente como se sentissem certo escrúpulo em fazê-lo diante dos outros que flutuam tranquilos movendo apenas a cabeça de cá para lá; sem parar de apitar (e não buzinar) um só instante o caminhão que veio buscar o entulho entra de ré no quintal com a caçamba balouçante branca e negra; o silencioso urubu surge repentinamente de trás das árvores do jardim e é ágil apesar de seu voo baixo e vacilante de eterno aprendiz; sobre as palmeiras agitadas do jardim um urubu desce rápido quase sem vacilar no vento matinal qual um disco voador negro; diante do mar liso o urubu está liso também e faz uma curva baixa e lenta entre palmeiras imóveis e amarfanhadas sob o céu cinza; uma lufada de vento sul lança um guardanapo branco dobrado para fora do terraço que sobrevoa a piscina e pousa aberto no gramado como uma borboleta albina agonizante que sem ímpeto não pudesse mais fechar-se; ziguezagueando entre carros que sobem a colina a moto de repente se inclina bastante para o lado para que o motoqueiro possa cuspir na beira do asfalto; um urubu surge aberto de trás dos bambus verdes inclinados trêmulos para o lado

EDWARD LEAR II: O vagaroso caminhão de lixo passou cedo mas esqueceu no meio do asfalto um saquinho de plástico lilás bem fechado

INSPIRAÇÃO: Só mais um: diante da praia vazia a escuna está alterada: o som do motor é alto demais e a velocidade

mostra que tem pressa e que não leva turistas; de fato
apenas um marinheiro minúsculo é visível correndo
sobre as velhas madeiras

IDÓLATRA 12: Na calha ensolarada cresce uma plantinha
hirta com três folhas verdes e uma flor branca; é um dos
lugares mais inóspitos da casa no verão que se prolonga
ardido

EPÍLOGO[1]

A canoa passou mancando diante das palmeiras da praia sem perder a velocidade na tarde ensolarada mas um tanto fria

---

[1] Este livro tem uma sequência, a ser publicada futuramente, *A idolatria poética 2*, na qual também substituo o verso pelo descrito em prosa.

SOBRE O AUTOR

Sérgio Medeiros é poeta, ensaísta, tradutor e professor de literatura na UFSC. Publicou o ensaio *A formiga-leão e outros animais na Guerra do Paraguai* (Iluminuras) e traduziu, entre outros livros, o poema maia *Popol Vuh* (Iluminuras), indicado ao Jabuti na categoria melhor tradução, e a crônica histórica *A Retirada da Laguna* (Companhia das Letras), do Visconde de Taunay, texto escrito originalmente em francês. Publicou vários livros de poesia, como: *Mais ou menos do que dois* (Iluminuras), *Alongamento* (Ateliê) e *Totens* (Iluminuras). Seus poemas já foram traduzidos para o espanhol, o italiano e o inglês. Seu poema em prosa *O Sexo Vegetal* (Iluminuras), de 2009, finalista do Jabuti, foi publicado em inglês sob o título *Vegetal sex* (UnoPress/University of New Orleans Press, 2010). Colabora no jornal *O Estado de S. Paulo*.

CADASTRO
ILUMI//URAS

Para receber informações
sobre nossos lançamentos e
promoções, envie e-mail para:

cadastro@iluminuras.com.br

Este livro foi composto em *Garamond* pela *Iluminura*s e terminou de ser impresso em abril de 2017 nas oficinas da *Copiart gráfica*, em Tubarão, SC, em papel off-white 80 gramas.